AF319130

# MALET,

## OU

# COUP-D'OEIL

Sur l'origine, les éléments, le but et les moyens des conjurations formées, en 1808 et 1812, par ce Général et autres ennemis de la tyrannie.

---

Son audace était sage; oui, l'équitable histoire
Consacre une statue à sa longue mémoire,

LE MERCIER, Membre
de l'Institut.

---

## Par ALEXANDRE LEMARE,

*Membre de l'Athénée des Arts de Paris etc., directeur de l'Athénée de la Jeunesse.*

PARMI les écrits qui, depuis le 31 mars, dernier, ont parlé avec quelque étendue du général de Malet, on distingue les suivants:

1°, Hommage à la mémoire de M. de Malet,

A

par M. *Bazin*, *voy.* 1<sup>er</sup> cahier des *lettres philosophiques.*

2°, Épitre à Buonaparte sur son projet d'écrire des commentaires historiques, par M. *Le Mercier*, membre de l'Institut.

3°, Retour des Bourbons, ou coup-d'œil.... contenant des anecdotes sur les différentes conjurations, par M. Breton de la Martinière, traducteur assermenté près *la Cour Royale.*

Quand depuis huit ans on a appartenu et comme bras et comme pensée à une conjuration dont le but était la délivrance européenne; que depuis six ans, transféré par la sombre inquiétude d'un tyran farouche et stupide, de prison en prison, on a échappé aux piéges, aux menaces et aux séductions d'une police cruelle et artificieuse; qu'on sait penser et écrire avec force : on a droit de prendre la plume et de révéler à ses contemporains et à la postérité les ressorts secrets qui furent mis en jeu pour l'exécution d'un si grand dessein.

Tel est l'auteur des lettres philosophiques; *son hommage à la mémoire du général de Malet* est avoué par les nombreux compagnons d'infortune de ce Général.

« Né de parents nobles, Claude François

de Malet était entré fort jeune dans les mous-
quetaires. À l'époque de la révolution, il fut
appelé par ses concitoyens de Dôle, au commandement de la garde nationale. Après
les journées des 5 et 6 octobre, la majeure
partie de cette garde décida de le suivre à
Paris pour délivrer le Roi, mais cet enthou-
siasme dut céder aux représentations d'un
officier supérieur, distingué par sa naissance,
et par son mérite..... qui protestait hau-
tement de la liberté de ce Prince. Général
de brigade à l'arrivée de Buonaparte, il fut
arrêté dans son avancement par ce despote
soupçonneux. Lorque celui-ci se fit recon-
naître Empereur, Malet commandait le
département de la Charente. Il fit émettre
à la garnison d'Angoulême un vote qui le
signala. Dès-lors il fut l'objet de la haîne du
Tyran.

« Retiré du service, Malet se livra tout
entier aux charmes de la vie privée. Plus il
resserrait les liens d'époux, de père et d'ami
qu'il savait rendre si doux et si forts, plus
il se trouvait heureux, plus il se croyait indé-
pendant. Aimer, disait-il, c'est le meilleur
usage de la liberté, c'est le bonheur, c'est la
vie. Mais cette ame formée aux sentiments
tendres se montait au plus haut degré d'énergie

quand il s'agissait d'apprécier les nobles élans
de la vertu, quand les excès de la tyrannie,
ses outrages, son mépris pour les hommes
venaient provoquer l'indignation des gens de
bien. La prospérité du crime assis sur le trône
l'affligeait, mais ne le désespérait pas.

« La guerre d'Espagne réveilla l'espoir de
Malet. Il crut qu'il était temps. Il vit des généraux, des officiers oubliés comme lui, fré-
missant de leur inaction; il sonda la minorité
du Sénat; il consulta des hommes de tous les
partis, de toutes les conditions; il résolut de
rassembler en un seul corps ces éléments épars
d'une révolution prochaine. Le plan d'une
conjuration fut ourdi; mais dès qu'il fallut
passer du projet à l'exécution, un traître (1)
alla dévoiler à la police la part du secret dont
il avait été fait dépositaire. Mais comme le
fond du secret était demeuré entre Malet et
ses premiers associés, la police ne put rien
découvrir, si ce n'est qu'elle en savait trop
pour dormir tranquille, et pas assez pour
former une accusation ».

Mais pourquoi analyser un écrit qui est
entre les mains de tout le monde, et dont le

_________________________

(1) L'ex-général Guillaume.

principal attrait est dans l'enchaînement des faits et des idées ?

Un autre écrivain, qui, sans une initiation particulière, sympathise avec tout ce qui est grand, et se trouve toujours monté au ton des grandes âmes, a aussi jeté des fleurs sur la tombe de M. de Malet.

Quel charme pour cette ombre illustre lorsque, se promenant à côté de Barnewelt, de Pélopidas, des deux Brutus et de Callisthène, elle apprendra que l'auteur d'Agamemnon a le premier embouché la trompette historique et célébré en langage des dieux le 23 octobre !

« L'aquilon, qui portait les plaintes déchirantes,
» Des légions au loin sous la neige expirantes,
» Frappe, éveille un grand cœur, à l'ombre des prisons
» Où l'avaient par avance inhumé tes soupçons.
» Héroïque vengeur de ma chère patrie,
» Malet voit ton empire ; et son ame aguerrie
» Pense qu'il ne faut plus qu'un salutaire effort
» Pour détruire un fantôme, et proclamer ta mort.
» Les cartes, qu'en un jeu sa main tenait la veille,
» Font place à son épée ; il sort..... et notre oreille
» Entend un homme seul, ô magnanimité !
» Qui du bruit de ta chûte emplit notre cité,
» Et sans peur du concours de tes nombreux sicaires,
» Abat tes défenseurs de ses mains téméraires,
» La pitié le trahit, hélas !..... et ce héros,
» Martyr abandonné, tombe sous tes bourreaux.
» A ce sublime élan qui sauvait tant de têtes,

» Ose donc comparer le fruit de tes conquêtes.
» Ce seul coup révéla que sur un frêle appui
» S'asseyait ta grandeur, écroulée aujourd'hui.
» Ce coup eût suspendu les luttes meurtrières ;
» Ce coup eût garanti l'honneur de nos frontières;
» Ce coup eût au Sénat, dès-lors conservateur,
» Donné droit de proscrire un tyran destructeur.
» Et nous n'eussions pas vu ses terreurs criminelles
» Te dévouer encor des cohortes nouvelles.
» Où languissait ce brave? au rang des malheureux
» Dont le premier Brutus feignit le trouble affreux,
» Tandis que des romains, durant un long silence,
» Son cœur roulait en soi l'illustre délivrance :
» De même il méditait, sous un masque indolent,
» D'arracher la couronne à ton front insolent.
» Son audace était sage : oui, l'équitable histoire
» Consacre une statue à sa longue mémoire,
» Et public, (en songeant qu'éclata son renom
» D'un séjour qu'habitait la morne déraison)
» Qu'on dut chez la folie exiler la prudence
» Lorsqu'au trône des rois on plaçait la démence ».


Mais par où aborder la troisième brochure
où tout est mêlé, où l'on semble désirer les
Bourbons (1), mais où l'on ne trouve *de vrais
coupables* que ceux qui en provoquaient le
retour; où tout justifie ou excuse l'usurpateur,

--------

(1) Eh! qui ne les désirait pas! Veyrat, le fameux
Veyrat revoyant Bazin après six ans de cachot lui
serra la main en s'écriant d'un ton pénétré : *ah! mon
ami, que nous avons souffert!*

dont on ne parle qu'avec respect ? « A Dieu
» ne plaise, qu'on injurie un guerrier...
» un général... qui ne fut point comme Macbeth
» ni comme Cromwell, assassin de son roi,
» qui, sans trop offenser les républicains, se
» concilia les royalistes par des concessions
» successives; peu importait qui occuperait
» le trône, pourvu que le trône fut occupé ».

A ce compte, la vieille maxime : *Le roi ne
meurt point*, est en effet rajeunie et enrichie
d'un nouveau sens qui permettra toujours de
crier : *Vive le roi !* pourvu toutefois que
celui qui succède n'ait pas tué son prédé-
cesseur, et que, sans trop offenser les uns, il
se concilie les autres par des concessions
successives.

Malet et ses coopérateurs n'ont cessé d'avoir
une autre idéologie. Pour eux, Buonaparte
était doublement usurpateur, et des libertés
du peuple et de la couronne des Bourbons ;
par eux, il fut également exécré en entrant
à Saint-Cloud et en revenant de Leipsick. En
tout temps, lui obéir c'était trahison, lui ré-
sister un devoir ; conspirer contre le consul,
contre l'empereur, c'était être fidèle à la nation
et au roi (1).

_______________

(1) Oui, sous un tel gouvernement, *conspiration c'est
fidélité*. Ce dogme politique, conservateur de la

Faut-il s'étonner que, d'après sa doctrine,
M. de la Martinière ose nous dire *qu'il eût
été peut-être fâcheux que LOUIS XVIII
n'eût dû qu'au succès d'un complot obscur le
bonheur d'être replacé sur le trône de ses pères.*
Il est vrai que M. Breton ne dit point que cela
*eût été fâcheux pour LOUIS XVIII*, car

« Ce coup eût suspendu les luttes meurtrières ;
« Ce coup eût garanti l'honneur de nos frontières. »

Mais s'il *replaçait* deux ans plutôt un Roi
légitime, il déplaçait aussi deux ans plutôt un
guerrier......, un général qui n'avait pas tué
son roi, et qui sans trop offenser un parti,
avait fait de belles concessions à l'autre.

Et que veut dire M. Breton par *complot
obscur ?* Etait-il obscur, un complot dont le
bruit a rempli toute l'Europe, qui amenait
sans verser une goutte de sang de si heureux,
de si vastes résultats ? Fallait-il que Malet

______

monarchie vient d'être proclamé par un illustre ma-
gistrat qui, sans doute n'est point celui du même nom
qui, au 27 décembre 1812 appelait *attentat* dans Malet
ce qu'il nomme aujourd'hui *vertu* dans St.-Simon.
*Moniteurs des* 28 *décembre* 1812, *et* 29 *mai* 1814. Si je
parlais à un souverain, je lui dirais : Sire ! la garantie
de la successibilité au trône est dans les hommes bien
plus encore que dans les principes.

allât chercher ses coopérateurs parmi des hommes connus par leur *servilité*, par les dignités et les trésors qu'ils devaient à des bassesses, à des trahisons *successives*, parmi des hommes connus par leurs intrigues, qui auraient pu fournir des notes à M. B. et à la police ?

Malet s'était associé des hommes connus dans les sections de Paris et dans leurs départemens par leur dévouement au roi ou à la patrie, ou à tous les deux ensemble ; chez qui on ne craignait point d'arrière-pensée, dont le levier n'était point l'or, mais la vertu, et qui n'avaient qu'à paraître pour être suivis.

On saura plus tard que Malet avait en seconde ligne des généraux, des sénateurs, de grands fonctionnaires assez vertueux pour désirer la chûte de l'usurpateur, mais trop effrayés de sa puissance pour monter les premiers à la brèche. Ces hommes non *obscurs* allaient être proclamés dans la journée même, seconder de leurs talents, de leurs vertus, et de l'influence de leurs noms la révolution à laquelle ils avaient consenti de participer. Moi-même j'ai fait en 1808 plusieurs ouvertures à des personnages les plus marquants en ce genre, et je leur dois cet hommage que ceux-là même qui ne promirent point cette coopération secondaire, ont au moins gardé le secret.

Devra-t-on s'étonner davantage, si M. Breton veut nous apprendre que sous un Gouvernement usurpé, mais qui n'en est pas moins respectable, ce n'est point la police, mais les seuls conspirateurs *qui compromettent sans cesse la sûreté individuelle?* « Si quelques » conjurés véritables voient échouer leurs » complots, on a la douleur de voir à leurs » côtés des hommes habitués aux fonctions » les plus paisibles confondus avec une poi- » gnée de vrais coupables ».

Ainsi non-seulement ces hommes d'une trempe nouvelle, qui plutôt que de provoquer des concessions successives, dévouent leurs têtes pour précipiter du trône un insolent usurpateur n'inspirent aucun intérêt à M. de la Martinière; mais quoiqu'il y ait *quelque* fermeté à répondre à ses juges comme fit Malet :

» Un homme qui a voulu venger son pays « n'a pas besoin de défense : *il triomphe ou il* » *meurt* »; leurs généreux desseins n'en sont pas moins regardés comme des *complots* ; eux, sont de vrais coupables, à qui il faut imputer les méprises même de la police.

J'avoue que quand *on remplit des fonctions*

*paisibles* sous toutes les tyrannies, et qu'on est chargé de recueillir des notes sur les conjurés, une certaine décence exige un semblable langage ; mais alors je voudrais qu'on s'abstînt d'écrire sur les conjurations.

On ne s'étonnera plus si le traducteur assermenté blâme les *imprudents auditeurs* qui devant le tribunal de la Seine applaudirent le général Moreau : « car il y a toujours, dit-il, » une indécence répréhensible à donner dans » le sanctuaire de la justice des marques » d'approbation ou d'improbation. »

C'était le sanctuaire de la justice, cet antre où le nouveau Polyphême envoyait ses ordres à des juges incompétents, dont les arrêts de mort ne pouvaient être que des assassinats ! c'était une indécence répréhensible de rendre devant des bourreaux un hommage public à la vertu ! imprudents auditeurs! C'est nous qui provoquions le brave Georges à dire à ses voisins : *si j'étais Moreau, je coucherais ce soir aux Tuileries.* Le sang du duc d'Enghein qui fumait encore marquait au milieu des lys la voie du possesseur légitime. Réunies spontanément par la haine du tyran, l'armée, la France debout attendait le signal. Général de l'armée du Rhin ! tu serais aujourd'hui plein de gloire et peut-être de vie.... Mais quelque grand que t'estime l'Europe, et que tu sois en effet, tu ne peux être mon héros.

M. Breton de la Martinière, traducteur assermenté près la cour royale, s'annonce comme ayant été à portée ( sans doute par ses fonctions) de suivre les débats des conjurations et d'y recueillir des notes. On verra en effet que sur ce qu'il dit de la conjuration Malet, il était aussi instruit que la police. (1)

« La conspiration de Malet, ou plutôt l'au-
» dacieux mouvement que tenta ce général
» vers la fin de 1812, *et qui fut si près d'être*
» *couronné du succès* offre des singularités
» inouies dans l'histoire.

» Un homme avait été arrêté il y a peu
» » d'années. Lui et ses coaccusés avaient
» en eux-mêmes ou par leurs relations si peu
» de ressources qu'on ne les jugea pas dan-
» gereux..... le principal conjuré, après
» avoir été enfermé à Viennes, obtint la per-
» mission de se retirer dans une maison de

-----

(1) On sait le calembourg qui courut alors. Lorsqu'on se rencontrait on se demandait avec avidité : savez-vous ce qui se passe ? — Eh ! non. — *Vous êtes donc de la police !* déjà les chefs de cette *magistrature*, c'est le terme respectueux de M. Breton, étaient allés faire un tour de Force.

» santé où il était à peine surveillé.

» C'est cependant ce même homme qui
» dans sa prison renouvelle tout-à-coup un
» projet absolument semblable. »

Il était impossible de montrer une plus
grande ignorance des faits, et de réunir en si
peu de lignes un plus grand nombre de con-
tradictions.

Un homme avait été arrêté *il y a peu d'an-*
*nées.....* il paraît que le tems coule vite près
de la cour impériale, lorsqu'on recueille des
notes sur les conjurations; car Malet avait été
arrêté le 9 juin 1808.

Malet ne fut jamais enfermé à Vincennes.
Il le fut successivement à la Force, à Sainte-
Pélagie, à la Maison de Santé de Dubuisson,
où il ne se *retira* point, mais où il fut conduit,
enfermé, espionné, et enfin à l'Abbaye.

*C'est ce même homme qui dans sa prison*
*renouvelle un projet absolument semblable.*

Qui aurait cru voir sitôt transformer en prison
cette Maison de Santé où l'on *obtient la per-*
*mission de se retirer*, et qui paraissait l'asile
de la liberté même?

Jour immortel du 23 octobre, tu éclaires de
ta lumière celui du 29 mai 1808. Oui, vous
étiez parfaitement semblables; vous renfer-

( 14 )

miez les mêmes élémens, vous mûrissiez les
mêmes fruits, la paix, le retour de la Liberté
et celui des Bourbons. Vous ne différiez que par
la quotité des moyens.

Indignés de la prospérité du crime qui, sous
Robespierre, sous le Directoire et sous Bona-
parte, se propageait éternellement dans tous
les pouvoirs, se partageait impudemment les
dépouilles publiques et ne laissait aux républicains purs et aux royalistes fidèles que les
cachots et la mort; les hommes énergiques de
tous les partis s'étaient entendus, s'étaient rap-
prochés. Ce prodige presque incroyable, qui
l'avait opéré? La vertu. Les voleurs de tous
les partis s'étaient donné la main; la vertu d'un
bout de la France à l'autre, d'un bout de l'Europe à l'autre se communiquait le plan et les
moyens de la délivrance commune. La main,
plus prompte que la presse, multipliait les co-
pies des proclamations, des anecdotes, des
défaites; car les victoires étaient mises au rang
des calamités publiques. Tôt ou tard cette
sainte confédération devait triompher; et si
depuis le 23 octobre aucune nouvelle tentative
n'a plus été faite, c'est que nous savions que
l'Empereur avait péri à Moscou, que dès-lors
la chute de Buonaparte était inévitable. Cette
réunion franche et plus que jamais indissoluble

des républicains et des royalistes vertueux ; qui, ne s'étant souillés par aucun excès, ne peuvent se reprocher une exaltation de principes partant de la même source, est une vérité historique qui repose sur des faits nombreux et incontestables, comme il sera prouvé dans l'histoire détaillée de la conjuration. Nous en citerons quelques traits.

Le Moniteur du 21 frimaire an 8 s'exprime ainsi :

« Le 23 brumaire, à la nouvelle du 19 brumaire, deux administrateurs du Jura, et un troisième faisant les fonctions de commissaire exécutif (1) , rédigèrent un arrêté portant : licenciement des militaires réquisitionnaires et conscrits...... Invitation aux classes momentanément et aux classes *perpétuellement proscrites* de se joindre à l'administration pour combattre ce qu'elle appellait les nouveaux tyrans »

Les classes proscrites à perpétuité étaient évidemment les déportés et les émigrés. Déjà avant le 19 brumaire, nous avions remis solemnellement en liberté tous les prêtres dits réfractaires et les émigrés détenus.

_______________

(1) MM. Gindre, Margueron et Lemare.

Deux aides-de-camp du général Malet s'étaient abouchés avec M. Gindre et moi quelques jours après le 19, et le plan de réunion avait été proposé et accepté.

Cet appel à toutes les classes ne resta point sans effet. On écrivit aux administrations les plus éloignées, on envoya des commissaires aux autres. Je partis pour Besançon. Je vis en passant M. Corneille (1), qui se chargea de Dôle et de Dijon. Je conférai avec toutes les autorités du Doubs; je voulais faire occuper la citadelle par des hommes dévoués. Le commandant Mengaud fut consulté. Mais en général les royalistes et les républicains espéraient beaucoup de Buonaparte. On convint de tout ajourner et de continuer à s'entendre.

L'œuvre de la réunion ne cessa plus de se poursuivre, et lorsque Malet, en 1808 voulut tenter son *mouvement audacieux*, et qu'il le renouvella en 1812, il était sûr de ne plus inspirer aucune crainte aux nombreux ennemis du despotisme et de l'anarchie. Ces derniers surtout ne pouvaient être guéris de leur terreur que par le rappel des Bourbons. Il leur fut solennellement promis.

---

(1) Corneille, qui fut depuis l'ami et l'un des coopérateurs les plus actifs du général de Malet.

Mais une administration libérale fut en même temps stipulée et convenue.

Je parlerai surtout du mouvement du 29 mai 1808, parce que j'y étais un des acteurs. Jamais la conjuration n'eut des moyens si vastes, ne fut si près de la réussite qu'au 29 mai. Peu de jours auparavant, une assemblée générale d'hommes choisis dans des 48 sections de Paris avait été tenue; de-là l'extension extraordinaire des confidences. Paris était plein de citoyens des départements. Cette capitale se rappelle encore les huit jours qui précédèrent. L'indignation qu'excitait la guerre d'Espagne était à son comble. On parlait tout haut d'un mouvement. Au milieu des coups de tonnerre qui annonçaient l'imminence de l'orage, la police seule étonnée regardait autour d'elle, et cherchait d'où partaient les coups, quoique Malet depuis six mois fut connu personnellement de plus de mille conjurés.

Dans la nuit du 29, plus de six cents ordres étaient signés, scellés du sceau de la dictature, trois mille proclamations et décrets (1) étaient datés, les postes assignés, les rôles distribués. Le Quartier-général allait être établi à quatre

---

(1) M. Corneille a encore aujourd'hui entre les mains un exemplaire de chacune de ces pièces qu'il a eu l'adresse et le bonheur de conserver.

B

heures du ..artin à l'hôtel de Cambacérès, où
tous les ministres devaient, les uns, se rendre,
les autres, être conduits. A une heure tout fut
ajourné.... et perdu.

Mais aucune arme, aucun papier ne furent
saisis. La police ne sut même jamais quels
étaient les premiers chefs, si elle devait les
chercher dans le sénat, dans l'armée, ou parmi
les *obscurs* de M. de la Martinière. Cette inquiétude la détermina à arrêter nos épouses,
nos sœurs, à les retenir onze mois au secret,
à les environner de terreurs, à questionner des
enfants de sept ans, à faire briller à leurs yeux
tout ce qui peut tenter à cet âge. Mais femmes
et enfants..., c'était le même courage, l'oserai-je
dire, le même dévouement? J'embrasse encore, le visage inondé de pleurs, celui de ma
petite Camille, qui dans les caresses et les
promesses d'un inspecteur ne vit que l'em-
pressement et la rage d'un tigre qui voulait
dévorer son père.

Si donc Malet et ses coaccusés parurent enfin
peu dangereux, c'est parce que la police ignora
la nature et l'étendue de leurs projets. Nous
fera-t-on croire que, si leurs moyens, *absurdes*
ou non, eussent été connus, on eût épargné
des conjurés convaincus de s'être attaqués au
maître du monde? Sont-ce là les mœurs de la

tyrannie? Non ; la police ne savait rien de la première conjuration. Un traitre seul avait donné des indices, mais il n'était muni d'aucune pièce justificative. Quelle part connaissait-il du secret? N'avait-il point été mystifié?

Nous étions donc tous innocents aux yeux de la police; puisqu'elle n'avait recueilli aucun fait qui pût sérieusement nous compromettre. Nous devions tous être remis en liberté. Le plus grand nombre le fut en effet. D'après cela comment la postérité jugera-t-elle la séance du 20 déc. 1812, où enchérissant sur la férocité du tyran et de sa police, un Lacépède, un Défermon vinrent aux pieds du trône insulter aux cendres d'illustres victimes, exhumer l'accusation du 29 mai 1808, que le tyran lui-même et sa police avait trouvée sans preuves, qualifier d'*attentat*, de *Crime constaté* ce qui n'avait paru que suspect au despote. Grâces vous soient rendues! Napoléon, Véyrat, Pâquier, Savary, Desmarets. Quoique non reconnus coupables, nous étions à votre merci; le sénat, le conseil d'état accusait la *clémence imperiale* qui nous retenait en prison, elle vous absolvait de tout scrupule.

Toutes les pièces imprimées de la conjuration de 1808 seront publiées en entier dans l'histoire détaillée.

Le premier acte de la dictature s'exprimait ainsi :

« En attaquant la tyrannie, nous avons eu
» le noble orgueil d'aspirer à la vraie gloire,
» celle de fonder en France une administra-
» tion libérale pour rentrer aussitôt dans vos
» rangs. Les bénédictions d'un peuple heureux
» sont le seul but de notre ambition, l'unique
» trésor dont nous veuillions nous enrichir ».

*Extrait du décret du* 29 *mai* 1808.

« Les armées françaises quitteront les terri-
» toires étrangers.... la conscription.... les
» droits réunis... la peine de mort sont abolis.
» La liberté de la presse, des cultes, de
» l'instruction publique, du commerce, de
» l'industrie, des théâtres et du port d'armes
» est rétablie.... Toute personne détenue ou
» exilée ou condamnée pour cause d'opinions
» ou de faits politiques ou de conscription mi-
» litaire, sera sur-le-champ mise en liberté, à
» la diligence du maire de chaque commune...
» Le général Malet, membre de la dicta-
» ture, est chargé de la direction des troupes
» et de la force armée.
» Pour extrait conforme,
» CORNEILLE, *secrétaire-général*
» *de la dictature* ».

L'ordre du jour du général Malet renferme des noms que M. de la Martinière ne trouveraient point *obscurs;* mais qui, appartenant tous à la classe de ceux qui n'auraient point figuré au premier acte, ne seront nommés que lorsqu'ils le réclameront.

Quelle épisode! J'oubliais entièrement M. le traducteur des langues étrangères.

« *Malet et ses co - accusés de* 1808 *avaient* » *en eux-mêmes et par leurs relations si peu* » *de ressources....* »

Avaient-ils en eux-mêmes si peu de ressources, ceux qui ont toujours su exister par eux-mêmes (1), sans rechercher les emplois, quoique, pour les remplir, il ne leur manquât que de la bassesse dont il leur était si facile de prendre des leçons? Ceux qui ont renoncé aux places qu'ils occupaient pour ne point trahir leurs principes? Ceux dont la voix, le visage, les actions ont su inspirer une confiance qui

______

(1) Et en appliquant le fait à moi-même, je dirai qu'après avoir dans le Jura, au 19 brumaire, déclaré Buonaparte tyran et usurpateur, je vins à Paris, je me fis chef d'un établissement sous le nom de l'Athénée de la jeunesse, qui jusqu'à l'époque de ma proscription me procura dix à douze mille livres de rente, que je ne dus qu'au concours de nombreux auditeurs qui voulaient approfondir les questions de grammaire et d'idéologie, et au débit de mes ouvrages.

mettait dans leurs mains le repos et la vie de plusieurs milliers de citoyens? Ceux qui, quelquefois ardens, mais toujours humains, se sont accoutumés, pour leur compte, à regarder la vie et la mort comme des choses égales? Ceux que six ans, douze ans de proscription n'ont point abattus, mais retrempés?

Avaient-ils si peu de ressources par leurs relations ceux qui n'ont jamais cessé un instant de jouir dans leurs départemens et dans leurs sections, d'une confiance illimitée de la part de ce qu'il y a de plus pur et de plus énergique? Ceux qui, depuis le 19 brumaire, ont commencé à mettre les royalistes et les républicains en contact (1), qui, peu après l'affaire de Chevalier, ont introduit le même plan à Sainte-Pélagie (2)? Ceux qui correspondaient avec toutes les parties de la France, avec tous les prisonniers d'Etat, et avaient fait de la maison de santé de Dubuisson, le Quartier-général des détenus de Vincennes, de la Force, de Sainte-Pélagie, de l'Abbaye, du château de

______

(1) Voyez page 15, l'arrêté du Jura inséré dans le Moniteur.

(2) M. Carréga, chef de chouans, fut à S<sup>te</sup>-Pélagie avec Desforges, l'intermédiaire entre les républicains et les hommes de son parti. Mais c'est à M. Carréga à donner cette relation.

Ham?.. On saura qu'en l'an 1810, les négociations reprirent une nouvelle activité par la voie de M. l'abbé Lafon, dont toute la France connaît le zèle et le dévouement sans bornes à la cause du Roi et de la religion, par celle de M. Carréga déjà cité, de M. Corneille, compatriote et ami particulier de Malet; on saura que M. Alexis de Noailles, MM. de Polignac, M. Duperrat, chef vendéen, M. Garès de Mézières, et M. le marquis de Puivert en étaient instruits; que même une correspondance écrite s'établit des différentes prisons avec celle de Malet, qui était le centre et l'âme de toutes les opérations. On saura que M. le marquis de Puivert devait être chargé de délivrer le roi Ferdinand, et de prendre le commandement de l'armée d'Espagne; que MM. de Polignac étaient députés auprès du Roi et du cabinet de Saint-James, qui était invité à hâter le retour de Moreau, l'un des membres de la dictature, et que MM. Alexis de Noailles et Mathieu de Montmorency faisaient aussi partie de cette autorité transitoire. On saura que, lorsque Malet se crut près de l'exécution de son dessein il en fit instruire au château de Ham MM. Bazin et Carréga; que ces deux victimes reconquirent leur liberté et couraient exposer leurs têtes lorsque s'étant égarés ils furent repris dans un marais. On saura que le patriotisme, la religion, le royalisme, que les deux sexes rivalisaient dans toute la France de courage et de ruse pour atteindre le but commun; que sans le secours d'encre sympathique ni d'écritures chiffrées Malet assistait a toutes les opérations de l'armée, connaissait toutes les anecdotes de quelque importance et qu'il avait reçu des nouvelles de Moscou même (1).

On recueille les matériaux qui doivent composer l'histoire des conjurations du 29 mai 1808 et 23 octobre 1812. La Pensée de la première resta toute entière dans un comité de cinq membres, savoir : de *Malet, Bazin, Gindre, Corneille* et *moi*. Il n'y a donc que ces quatre derniers qui puissent en donner tous les détails.

Beaucoup d'autres personnes, dont plusieurs n'étaient pas *obscures*, furent à diverses époques plus ou moins initiées, mais ne con-

_______________

(1) J'ai encore dans les mains deux de ces lettres avec le timbre de la poste, qui lui furent communiquées l'une par mon Épouse, et l'autre par M^lle Simonet, toutes les deux détenues à la suite du 23 octobre.

nurent jamais ni le fond du secret ni la com-
plication des moyens.

M. Lafon, que Malet honorait d'une entière
confiance, peut faire connaître les ressorts
qui furent mis en jeu dans la dernière.

Dans l'été de 1809, une fête devait être
célébrée en réjouissance d'une victoire de
bulletin. Tous les soutiens du tyran allaient
être réunis. M. Gindre, détenu à la Force,
s'écrie : *ces Messieurs vont nous épargner bien
de la peine.* Il n'y avait que trois jours pour
se préparer. A l'instant Malet et Garriot
communiquent le plan à leurs coopérateurs
externes. Bazin et le brave romain Angeloni
organisent tout au dehors. Au jour et à l'heure
indiqués les portes des prisons tombaient, et
Malet avec les autres détenus et proscrits con-
venablement secondés renouvelait la plus
hardie comme la plus heureuse des cons-
pirations, celle de Pélopidas. Mais un détenu (1) qui aimait mieux racheter sa liberté
par son déshonneur que de la conquérir,
donna l'éveil à la police. Les prisonniers furent transférés, séparés, Bazin et Angeloni

----

(1) Sorbi se disant député de la Junte d'Espagne. Ce
traître n'ayant pu donner aucune preuve, fut transféré
et resta détenu à Vincennes.

arrêtés. On voit à qui il appartiendrait de donner l'historique de cette affaire, si la tentative ou le succès l'avait rendue plus célèbre.

## FIN.

### NOTE.

*Ce qui va suivre est écrit dans le style des notes de M. Breton et s'adresse uniquement à lui. Le public pourra donc se dispenser de le lire.*

Pour donner une idée des relations que pouvait avoir l'association de Malet, je vais retracer rapidement celles que j'ai formées moi-même ou que j'ai du trouver établies.

Après l'ajournement du 29 mai 1808, *voy. page* 18, je me mis en garde contre la police, je me fis délivrer une nouvelle carte de sûreté qui me fut apportée à Passy, où j'avais loué une maison de campagne. Déjà tout avait été renversé chez moi par la police ; mais les armes et proclamations en avaient été déménagées à tems, pour être transférées chez un conjuré moins connu, qui a eu le courage de les conserver deux mois après l'arrestation ou la fuite des principaux conjurés. On n'avait point encore perdu l'espérance de les faire servir. De Passy je me retirai à Versailles, où je demeurai un mois. Le matériel de la conjuration était encore intact, mais le personnel était dispersé. La police frappait à droite et à gauche.

Je formai le projet d'aller en Angleterre, de me présenter au cabinet de St.-James et aux Bourbons, et de proposer un débarquement de prisonniers commandé par un général français, porteur d'un plan de constitution qui satisfît également les républicains et les royalistes. Dans ce dessein, il me fallait un passeport qui me conduisit jusqu'à Dieppe où j'étais adressé à un capitaine de corsaire, le brave Lagrange. J'envoyai à Paris, et je me fis expédier un passe-port à l'intérieur par M· le Conseiller d'état, comte Dubois, préfet de police, qui me poursuivait avec une incroyable activité. Mais lorsque j'étais près de m'embarquer, Méhée me vint en mémoire. Je me rendis à Verdun pour emmener avec moi deux lords qui connaissaient mes sentiments et m'appuyeraient de leur déclaration (1). Les lords n'y

_______

(1) Le lord Kington et le lord Christi.

étaient plus. Je fus arrêté et conduit à la citadelle. Le général qui la commandait avait des
idées saines, je ne fus retenu qu'une heure. La
gendarmerie éclairait mes démarches, je feignis
d'aller à Plombières, mais je me dirigeai réel-
lement sur Trieste. J'écrivis à Paris, pour me
faire délivrer un passe-port par S. Ex. le Ministre des relations extérieures, et je devais
l'attendre à Colmar. *Peu importe* à M. Breton, à qui et par qui le *passe-port* fût adressé,
pourvu que le *passe-port* arrivât à son
adresse.

Mais M. l'abbé Brot, maire de Ste-Hélène,
pensa le rendre inutile. Je dînais à côté de lui,
d'un garde forestier et de l'aubergiste Morel.
Une jeune personne me dit à l'oreille qu'on
devait m'arrêter. Car pourquoi ne dirais-je
pas aussi à M. le preneur de notes que le beau
sexe n'a cessé de sympathiser avec Malet et
ses camarades, et de leur rendre les plus im-
portans services ? La route que je tenais paraissait suspecte ; M. le maire voulut voir
mon passe-port ; je signai mon nom avec une
minuscule, ce qui augmenta la suspicion. Mais
Au lieu de répondre aux questions dont on
m'accablait, je me mis à jaser sur la manufac-
ture de fayence et sur les principaux habitants
du bourg avec tant de détails, qu'on crut que

j'étais un personnage qui, tout en voyageant pour son plaisir, prenait des notes sur les gens d'esprit de Ste-Hélène, et M. le maire implora ma protection. J'arrivai sans autre encombre à Colmar, d'où je partis à la fin du mois d'août avec le passe-port attendu.

A St.-Leger près de la Suisse, je tombai dans une couvée de douaniers et de gendarmes, qui tenaient séance à l'auberge. *Sensi me medios delapsus in hostes.* Sie verstehen! M. le traducteur des langues étrangères! Avant qu'on eût le temps de me faire une question, j'en avais déjà fait dix, et l'on vit que j'étais en pays de connaissance. Toute la journée et une partie de la nuit se passèrent à l'auberge et au café. Le lendemain un gendarme vint m'accompagner jusqu'à Bienne, car je craignais qu'à l'extrême frontière mon argent ne fut considéré et retenu comme contrebande par les successeurs de St.-Mathieu.

Bientôt j'eus traversé la Suisse, le Tyrol.... j'avais déjà passé la Drave.

Ah? M. Breton de la Martinière, recueillez cette note, et acceptez-la en signe de réconciliation. N'allez pas, n'allez pas en Autriche si vous n'êtes pas muni d'un passe-port *visé par l'ambassadeur de cette cour.* Sans quoi, ami ou ennemi du *général* qui *ne fit point comme Macbeth ;* la police, qui ne connait que sa routine, vous retient votre passe-port (als unächt,) et vous flanque de deux ou quatre paysans, qui dans cette contrée font en souliers, ou en sabots les fonctions de gendarmes, et vous reconduisent de brigade en brigade jusqu'à la frontière. Car *nota bene* c'est mot-à-mot ce qui m'arriva en mettant le pied sur le territoire de l'empire.

Et si en allant vous ne vous êtes procuré de bonnes *ressources par vos relations,* vous avez le temps de prendre des notes et vous ne tardez pas d'être jeté dans le stockhaüs des Bavarois. Ce qui ne m'arriva point, car un juge de paix sur la recommandation d'un bon curé, qui n'aimait ni la guerre ni le *guerrier,* me donna un bon et valable passe-port, que visa le directeur du cercle de Bolzano, à l'aide duquel je défis comme Pénélope l'ouvrage que je venais de faire. Quoique déjà bien refroidi sur mon plan favori de descente, je ne l'abandonnai point encore. J'avais dans le commerce de bonnes connaissances à Marseille. Je tournai mes pas vers cette colonie des Phocéens. Je revis les montagnes du Jura et mon bon canton de St.-Laurent, où je restai ostensiblement trois semaines. J'étais gardé par l'amitié de mes concitoyens. Mon passe-port tyrolien n'élait plus de montre. Que faire ? Le sous-préfet m'honorait, je ne sais pourquoi, de son inimitié, et le préfet était dévoué au *guerrier* qui, selon l'expression de M. Ség... « est au » delà de l'histoire humaine, au-dessus de » l'admiration; il n'y a que *l'amour* qui puisse s'élever à lui. (1)

Qui est-ce qui m'aidera de ses *ressources ?*

Un maire très-*obscur* qui ne croyait pas comme M. Daru *que les haines contre l'Empereur sont des haines contre la nation*, (2) me délivre un passe-port, le sous-préfet et le préfet le visent, je pars. Un commissaire général de police faisait trembler Marseille. Il vise mon passeport, pendant vingt jours j'invoque en vain Neptune; je vais attendre à Montpellier. Trois mois s'écoulent. Mes fonds s'épuisaient. Je voulais gagner la presqu'île, pour de-là enjamber Albion. Les larmes de mon épouse me firent changer de résolution. J'avais pris le goût des voyages. O prodige ! Un ministre du tyran puise dans les caisses de son maître, et du 15 avril 1809 au 31 mars 1814 il me fait toucher en Italie, en Autriche, en Prusse, en Russie, en Hollande, en France quatre cents francs

---

(1) Moniteur du 29 juillet 1807, page 817, col. 1.
(2) Moniteur du 3 vendémiaire an 14, page 8, col. 3.

par mois, qui avec quelque *peu* de ressources d'ailleurs suffisent à un homme *obscur*, et lui donnent la facilité de voyager dans toute l'Europe, de créer des ennemis à Napoléon, de semer par tout des espérances, et de correspondre utilement avec Malet.

Mon récit trop rapide paraîtra quelquefois énigmatique ; mais M. de la Martinière a trop de *ressources par lui-même et par ses relations* pour n'en pas toujours trouver la clef. Par exemple, il verra bien si ce dernier ministre m'a servi sciemment, ou si, mystifié, il a été comme la patte du chat qui tire les marrons du feu.

Si j'écris mon histoire pour le public, j'entrerai dans des détails qui ne laisseront plus subsister d'énigmes.

LEMARE.